COMO SE ORIENTAR Sempre que você ESTIVER PERDIDO

Para meu filho, Harland

Escrevi este livro nos seus
primeiros dois meses de
vida, enquanto eu tentava
entender o mundo por você.

Estas são as coisas que eu
acho que você precisa saber.

"Que tal estabelecermos uma nova regra de vida a partir desta noite:
sempre tentar ser um pouco mais gentil do que o necessário?"

J. M. Barrie

AQUI ESTAMOS NÓS

NOTAS SOBRE COMO VIVER NO PLANETA TERRA

OLIVER JEFFERS

SALAMANDRA

NOSSO ✦ SISTEMA SOLAR*
(UM de ~~MILHÕES~~ ~~BILHÕES~~ TRILHÕES)

AQUI
ESTAMOS
NÓS

A LUA

MARTE

TERRA

SATURNO

PLUTÃO

(NOSSO PLANETA
ANÃO FAVORITO)

* PROVAVELMENTE FORA DE ESCALA

Bem, oi!

Bem-vindo a este planeta.
Nós o chamamos de Terra.

É o grande globo
a flutuar no espaço
onde todos nós vivemos.

Que bom que você nos encontrou. O espaço é tão grande!

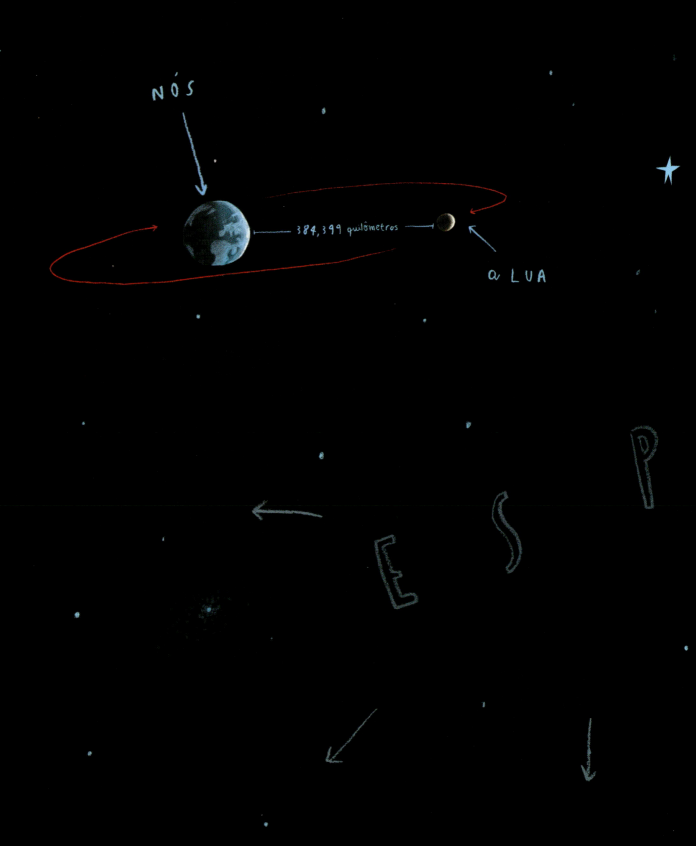

MARTE

(o próximo planeta)
fica a 225 milhões de
quilômetros daqui,
nessa direção →

Há muito que ver e fazer aqui na Terra,
então vamos começar com um rápido *tour*

Em primeiro lugar, vamos falar sobre a terra.
É onde estamos pisando neste instante.
Sabemos um monte de coisas sobre a terra.

Bom, vamos em frente.

No nosso planeta, existem pessoas.
Pessoas são gente.
Você é gente. Você tem um corpo.

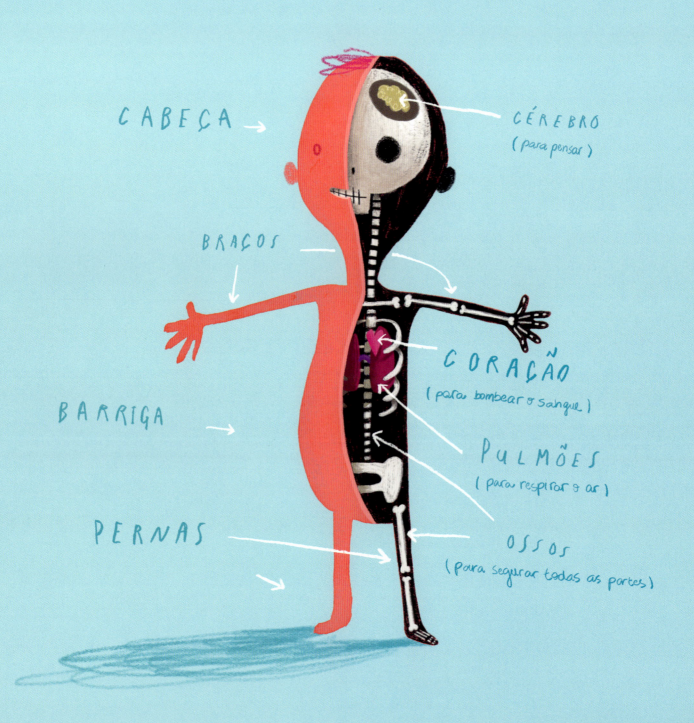

Cuide bem do seu corpo. A maioria das partes não cresce de novo.

As coisas mais importantes que uma pessoa deve se
lembrar de fazer são comer, beber e se manter aquecida.

Existem pessoas de inúmeros formatos, tamanhos e cores.

Podemos até parecer diferentes, agir diferente e falar diferente...

...mas não se engane: somos todos gente.

Há também os animais, com formatos, tamanhos e cores ainda mais diferentes!

Eles não sabem falar, mas nem por isso podemos deixar de tratá-los bem.

Tenha paciência. Logo, logo você vai aprender a usar as palavras.

Bom, aqui costuma funcionar assim: quando o Sol está brilhando lá fora, é dia e todo mundo faz alguma coisa.

Mais tarde, quando tudo fica escuro, menos a Lua, é noite e todo mundo vai dormir.

(Alguém?)

Às vezes, tudo se move devagarinho aqui na Terra...

Mas quase sempre as coisas se movem rápido, então use bem o seu tempo.

Ele passa num piscar de olhos!

Apesar de todo o nosso progresso,
nós não encontramos todas as respostas,
então ainda há muito que você pode fazer.

Você vai desvendar muitas coisas sozinho.
Mas lembre-se de anotá-las para as outras pessoas.

Por mais que a Terra pareça grande,
tem muita gente morando aqui

(7.327.450.667 pessoas até agora),

então seja generoso.

Há o suficiente para todo mundo.

Bom, esse é o Planeta Terra.

Trate de cuidar muito bem dele,
pois é o único que nós temos!

Se quiser saber mais alguma coisa...

E quando eu não estiver por perto...

… é só perguntar
para outra pessoa!

Na Terra, você nunca está sozinho.

"Olhar para trás e ver nosso planeta como um planeta é uma sensação incrível. É uma perspectiva totalmente diferente, e nos faz perceber de verdade o quanto a nossa existência é frágil."

– Dra. Sally Ride, astronauta e física

"Filho, existem apenas três palavras que devem orientá-lo em sua vida: respeito, consideração e tolerância."

– Pai do Oliver, um bom ser humano, em todos os sentidos

Obrigado a

Hannah Coleman, Helen Mackenzie Smith, Rory Jeffers, Michael Green, Judith Brinsford, Anna Mitchelmore, Paul Moreton, Patrick Reynolds, Hayley Nichols, Geraldine Stroud, Ann-Janine Murtagh, Jen Loja, Erin Allweiss, Timothee Verrecchia, Suzanne Jeffers e, obviamente, Harland Jeffers.

E a todas as pessoas que produzem, vendem, leem e apoiam meus livros.

Oliver Jeffers faz arte e conta histórias. Depois de seu adorado livro de estreia, *Como pegar uma estrela*, criou uma coleção de livros ilustrados premiados que são sucessos de venda e foram traduzidos em todo o mundo.

Oliver é de Belfast, Irlanda do Norte, e atualmente mora e trabalha no Brooklyn, Nova York. Ele adora aprender sobre o nosso planeta, porque, quanto mais sabemos, mais sabemos que nada sabemos.

Citação da página 4 retirada de *The Little White Bird*, de J. M. Barrie, 1902

Trecho da entrevista com a Dra. Sally Ride reproduzido com a gentil autorização da *American Academy of Achievement* www.achievement.org

Originalmente publicado em inglês pela HarperCollins Children's Books sob o título: HERE WE ARE
Copyright do texto e das ilustrações © Oliver Jeffers 2017
Tradução Moderna/Salamandra © 2018
Traduzido sob licença da HarperCollins Publishers Ltd
O autor/ilustrador confirma o direito moral de ser identificado como autor/ilustrador desta obra.

ISBN 978-85-16-11166-3

EDIÇÃO BRASILEIRA
Edição de texto – Marília Mendes e Lenice Bueno
Tradução – Yukari Fujimura
Coordenação de revisão: Elaine Cristina del Nero
Revisão – Sandra G. Cortés, Tatiana Malheiro
Coordenação de arte – Camila Fiorenza
Lettering e diagramação – Michele Figueredo

Dados Internacionais de Catalogação na Publicação (CIP)
(Câmara Brasileira do Livro, SP, Brasil)

Jeffers, Oliver
　Aqui estamos nós : notas sobre como viver no planeta Terra / Oliver Jeffers ; [ilustrações do autor ; tradução Yukari Fujimura]. -- São Paulo : Salamandra, 2018.

　Título original: Here we are.

　1. Literatura infantojuvenil I. Título.

18-13368　　　　　　　　　　　　　　　CDD-028.5

Índices para catálogo sistemático:
1. Literatura infantil 028.5
2. Literatura infantojuvenil 028.5

Todos os direitos reservados no Brasil por
Editora Moderna Ltda.
Rua Padre Adelino, 758 – Belenzinho – São Paulo – SP
CEP: 03303-904
www.salamandra.com.br
Impresso na China, 2025

COMO Se ORIenTAR.
Sempre que você
ESTIVER PERDIDO

N
O ⊕ L
S